KNISTER / Sabine Lohf
Kommt 'ne Mücke geflogen
Bekannte Kinderlieder – frisch aufgeknistert

KNISTER

garantiert seit Jahren allen Lesern Spass, Spannung und gute Unterhaltung.

Eine Auswahl aus den von ihm in Arena Verlag und
Edition Bücherbär erschienenen Titeln:

»Hexe Lillis Partyzauber – Tolle Ideen für Kinderfeste«
»Hexe Lilli im wilden Wilden Westen«
»Hexe Lilli wird Detektivin«
»Teppichpiloten«
»Teppichpiloten starten durch«
»Teppichpiloten mit Geheimauftrag«
»Hatschi – Das Schnupfennasenbuch«

Sabine Lohf

hat schon eine Vielzahl von Büchern malend und fotografierend gestaltet.
Außerdem betreut sie seit über zehn Jahren das Jahrbuch »Spielen und Lernen«.

In neuer Rechtschreibung

1. Auflage 1997
© by Arena Verlag GmbH, Würzburg
Alle Rechte vorbehalten
Einband- und Innenillustrationen: Sabine Lohf
Gesamtherstellung: Westermann Druck Zwickau GmbH
ISBN 3-401-04699-3

KNISTER • Sabine Lohf

Kommt 'ne Mücke geflogen

Bekannte Kinderlieder – frisch aufgeknistert

Arena

Inhalt

Hopp, hipp, happ	7
In meiner Badewanne	8
Maikäfer, flieg!	10
Kommt 'ne Mücke geflogen	11
Summ, summ, summ	12
Ri, ra, rutsch	14
Bin nicht klein	15
Spagetti essen wir mit Lust	16
Wenn wir zum Kindergarten gehn	18
Noch sind viele Vögel da	20
A B C, ein Hund macht in den Schnee	21
»Schuhuh! Schuhuh!«, ruft der Vampir	22
Das Hexe-Lilli-Lied	24
Verdrehte Welt	26
KNISTERs Fliegenrock	28
Das Drachenreiterlied	30
Bange machen gilt nicht	32
Das Regenlied	34
Wir Kinder wollen Unsinn machen	37
Wi, Wa, Weihnachtsmaus	38
He, du! Zieh dich ganz warm an!	40
Die traditionellen Liedtexte	41

**Paplapapp,
Paplapapp,
Paplapapp, Papla-
papp, Paplapapp
Paplapapp, Papla-
papp, Papla
papp!**

Hopp, hipp, happ,
ich red gern Paplapapp

Zu singen auf die bekannte Melodie von Karl Gottfried Hering (1766–1853)
»Hopp, hopp, hopp! Pferdchen lauf Galopp!«

Text und Satz: KNISTER

1. Hopp, hipp, happ, ich red gern Pap-la-papp.

Rat, was ich wohl da-mit mei-ne! Das ver-steh nur ich al-lei-ne.

Hopp, hopp, hipp, hipp, happ, ich red gern Pap-la-papp.

2. Brumm, brumm, brumm,
ich fahr im Kreis herum.
Fahr mein Dreirad ganz alleine
über Stock und über Steine.
Brumm, brumm, brumm,
brumm, brumm,
ich fahr im Kreis herum.

In meiner Badewanne

Zu singen auf die Melodie des aus dem Breisgau stammenden Volksliedes
»In Mutters Stübeli«

Text und Satz: KNISTER

1. In meiner Badewanne macht es hm, hm, hm.
   In meiner Badewanne macht es PLATSCH!

2. Komm, Papa, horch doch mal
   nach diesem hm, hm, hm!
   Du streckst den Kopf zu mir
   und ich mach PLATSCH.

3. Jetzt ist dein Kopf pitschnaß
   vor lauter hm, hm, hm.
   Komm doch ins Bad zu mir,
   wir machen PLATSCH!

Kommt 'ne Mücke geflogen

Zu singen auf das österreichische Volkslied
»Kommt ein Vogel geflogen«

Text und Satz: KNISTER

Kommt 'ne Mü - cke ge - flo - gen, setzt sich nie - der oh - ne Gruß. Noch be - vor ich sie krie - ge, sticht sie mir in den Fuß.

Summ, summ, summ, wer nicht fragt, ist dumm

Zu singen auf das böhmische Volkslied
»Summ, summ, summ, Bienchen, summ herum«

Text und Satz: KNISTER

1.-3. Summ, summ, summ, Stef-fi ist nicht dumm.
1. Stef-fi läßt sich gern was sa-gen, traut sich auch mal nach-zu-fra-gen.
Summ, summ, summ, wer nicht fragt, ist dumm.

2. Summ, summ, summ,
Steffi ist nicht dumm.
Kann sich selbst die Zähne putzen
und ein Taschentuch benutzen.
Summ, summ, summ,
wer nicht fragt, ist dumm.

3. Summ, summ, summ,
Steffi ist nicht dumm.
Kann schon eine Schleife binden
und den Weg nach Hause finden.
Summ, summ, summ,
wer nicht fragt, ist dumm.

Ri, ra, rutsch,
mein Kaugummi ist futsch

Zu singen auf die bekannte Melodie
»Ri, ra, rutsch, wir fahren mit der Kutsch«

Text und Satz: KNISTER

Ri, ra, rutsch, mein Kau-gum-mi ist futsch! Zu fest ge-kaut, zu stark ge-lutscht, schwupp ist's durch den Hals ge-flutscht. Ri, ra, rutsch, mein Kau-gum-mi ist futsch!

Bin nicht klein

Zu singen auf die bekannte Melodie »Hänschen klein«

Text und Satz: KNISTER

Bin nicht klein, kann laut schrein, kann so-gar auch bö-se sein.

Fühl mich gut, hab viel Mut, komm schon mal in Wut.

Ma-ma, schau mal rich-tig her, bin kein klei-nes Kind-chen mehr!

Je-des Kind wächst ge-schwind schnel-ler als der Wind.

Spagetti essen wir mit Lust

Zu singen auf die bekannte Melodie von
»Das Wandern ist des Müllers Lust«

Text und Satz: KNISTER

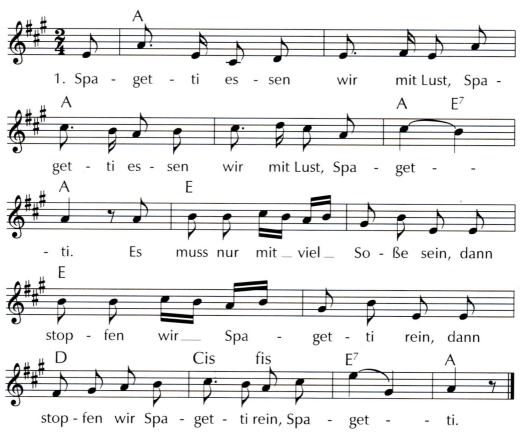

1. Spa - get - ti es - sen wir mit Lust, Spa - get - ti es - sen wir mit Lust, Spa - get - ti. Es muss nur mit viel Soße sein, dann stop - fen wir Spa - get - ti rein, dann stop - fen wir Spa - get - ti rein, Spa - get - ti.

2. Vom Papa haben wir's gelernt,
   vom Papa haben wir's gelernt,
   vom Papa.
   Er sagt uns, wie man's machen muss,
   dann wird das Kochen zum Genuss,
   dann wird das Kochen zum Genuss,
   Spagetti.

3. Spagetti kochen ist nicht schwer,
   Spagetti kochen ist nicht schwer,
   Spagetti.
   Wir kochen jetzt mal ganz allein
   und das wird eine Freude sein
   und das wird eine Freude sein,
   Spagetti.

Wenn wir zum Kindergarten gehn

Zu singen auf die Volksweise
»Ein Jäger längs dem Weiher ging«

Text und Satz: KNISTER

1. Wenn wir zum Kin-der-gar-ten gehn, schaut, Kin-der, schaut! Was gibt es un-ter-wegs zu sehn?

1.-8. Schaut, Kin-der, schaut, Kin-der, schaut, schaut, schaut, ja, lie-be Kin-der, gu-te Kin-der, schaut, schaut, schaut, ja, lie-be Kin-der, schaut, ja, gu-te Kin-der, schaut!

2. Der Hügel dort am Wegesrand,
schaut, Kinder, schaut,
von Ameisen gebaut aus Sand.
Schaut, Kinder . . .

3. Seht ihr das Vogelnest im Baum?
   Schaut, Kinder, schaut!
   Gebaut aus Gras, man glaubt es kaum.
   Schaut, Kinder . . .

4. Das Spinnennetz sieht hauchzart aus.
   Schaut, Kinder, schaut!
   Hier hat die Spinne ihr Zuhaus.
   Schaut, Kinder . . .

5. Den Maulwurfshügel könnt ihr sehn.
   Schaut, Kinder, schaut!
   Tief drunter lebt sich's sehr bequem.
   Schaut, Kinder . . .

6. Das Loch dort ist, ich seh's genau,
   schaut, Kinder, schaut,
   der Eingang von dem Hasenbau.
   Schaut, Kinder . . .

7. Die Schnecke da ist gar nicht dumm.
   Schaut, Kinder, schaut!
   Sie trägt ihr Haus mit sich herum.
   Schaut, Kinder . . .

8. Drum, Augen auf und gebt gut Acht,
   schaut, Kinder, schaut,
   wie Tiere sich ein Heim gemacht.
   Schaut, Kinder . . .

Noch sind viele Vögel da

Zu singen auf die volkstümliche Weise
»Alle Vögel sind schon da«

Text und Satz: KNISTER

Noch sind vie - le Vö - gel da, vie - le Vö - gel, vie - le. Zu viel Müll, Che - mie und Dreck jagt uns uns - re Vö - gel weg. Drum, lasst uns ver - nünf - tig sein: Hal - tet uns - re Um - welt rein.

A B C,
ein Hund macht in den Schnee

Zu singen auf die aus Sachsen stammende Volksweise
»A B C, die Katze lief im Schnee«

Text und Satz: KNISTER

A B C, ein Hund macht in den Schnee. Mit strip, strap, strull hebt er sein Bein, schon schmilzt der Schnee, das ist ge-mein! O je-mi-ne, o je-mi-ne! Ein gel-bes Loch im Schnee.

»Schuhuh! Schuhuh!«, ruft der Vampir

Zu singen auf die österreichische Volksweise
»›Kuckuck! Kuckuck!‹, ruft's aus dem Wald!«

Text und Satz: KNISTER

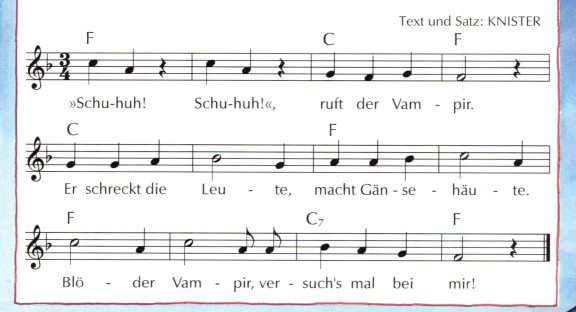

»Schu-huh! Schu-huh!«, ruft der Vam-pir.
Er schreckt die Leu - te, macht Gän - se - häu - te.
Blö - der Vam-pir, ver - such's mal bei mir!

Das Hexe-Lilli-Lied

Text und Melodie: KNISTER

Die Leu - te ru - fen: Ach du Schreck,

Lil - li, nimm das Ding da weg! Die

lacht und zieht am He - bel,— ü - brig bleibt nur Ne - bel.—

1. Strophe

1. Die Lil - li hext, das ist doch klar, 'ne

Quatsch - ma - schi - ne wun - der - bar. Wo

sie das Ding dann hin - ge - stellt, ver - än - dert sich die gan - ze Welt.

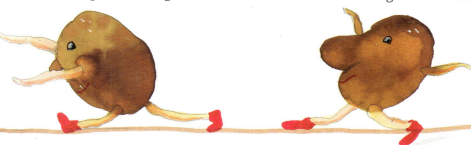

Wer die Hexe-Lilli-Bücher kennt, weiß, dass Lilli nicht nur Quatschmaschinen bauen kann. Wenn sie will, zaubert sie sich sogar in andere Zeiten und fantasievolle Welten hinein und erlebt dort die tollsten Abenteuer.

2. Sie stellt das Ding am Bahnhof auf.
   Was, glaubt ihr, hat das Monstrum drauf?
   Die Lok springt aus dem Gleis heraus
   und hüpft schnell auf das nächste Haus.

   Refrain . . .

3. Nun steht das Ding am tiefen Rhein.
   Was, glaubt ihr, fällt dem Monstrum ein?
   Die Schiffe fliegen plötzlich rum.
   Da gucken selbst die Vögel dumm.

   Refrain . . .

4. Dann steht das Ding am Wochenmarkt.
   »Was kommt denn jetzt?«, ein jeder fragt.
   Da laufen plötzlich, welch ein Schreck,
   dem Bauern die Kartoffeln weg.

   Refrain . . .

5. Drum, kommt euch mal was komisch vor,
   ihr denkt: Das ist bestimmt verkehrt.
   Schaut einfach, ob ihr Lilli seht
   und ihre Hexmaschine hört.

   Refrain . . .

Verdrehte Welt

Text und Melodie: KNISTER

2. Der Elefant steigt auf das Dach
und macht der Maus die Kinder wach.

Refrain ...

3. Ein Fisch, der geht am Meeresstrand
und trägt 'nen Schirm in seiner Hand.

Refrain ...

4. Zum Zahnarzt geht der Gockelhahn,
ihn schmerzt der linke Backenzahn.

KNISTERs Fliegenrock

Text und Melodie: KNISTER

Refrain

Ro-cko Ar-ti-scho-cko singt den Flie-gen-rock. Der Flie-gen-rock macht wirk-lich Bock! Das ist KNIS-STERs Flie-gen-rock. Der Flie-gen-rock macht wirk-lich Bock!

1. Strophe

1. Ben-no Bos-kops bö-se Ban-de läuft laut lär-mend längs im Lan-de. Wenn wir wol-len, wer-den wir wü-tend wild wie Wolfs-ge-tier.

2. Keiner kann wie Benno beißen,
   andern an den Rüsseln reißen.
   Niemand nervt so sehr wie wir.
   Benno Boskop haut heut hier.

Refrain . . .

3. Fliegen aus der Pommesbude
   stehn nicht auf Tomaten.
   Es müssen fette Würstchen sein,
   feurig scharf gebraten.

Refrain . . .

4. Hamburger mit Majo drauf
   schmeckt wirklich unvergleichlich.
   Bei uns muss alles fettig sein,
   Fett gibt's bei uns reichlich.

Refrain . . .

Der »Fliegenrock« stammt aus dem Liveprogramm zu meinem Buch »Willi Wirsing«. In dem Buch treten zwei Fliegenbanden auf: »Benno Boskops besonders böse Boskopbande« und »Harry Hamburgers hungrige Horde«. Wenn die beiden Fliegengangs aufeinander treffen, singen sie ihre Bandenlieder.

Das Drachenreiterlied

2. Auf Skateboards fahren mit Frau Holle,
   auf Hexenbesen fliegen gehn.
   Im Märchenreich ist echt was los.
   Das Märchenreich ist riesengroß.

   Refrain . . .

Aus meinem Liveprogramm zum Buch »Die Reiter des eisernen Drachen«. Die Drachenreiter sind niemand anderes als die Gebrüder Grimm, die im Märchenreich unterwegs sind, um neue Märchen zu suchen. Aber es wird immer schwieriger für sie welche zu finden. Immer tiefer müssen die zwei ins Märchenreich. Deshalb haben sie sich ein Motorrad zugelegt. Da aber im Märchenreich Motorradfahrer unbekannt sind, glauben die Bewohner, dass die zwei auf einem eisernen Drachen reiten.

Bange machen gilt nicht

Text und Melodie: KNISTER

1. Strophe

1. Ich brauch dir gar nicht erst zu sa - gen, wie
2. Auch brauch ich dir nicht auf - zu - zäh -len, vor wie viel

schreck - lich du dich fühlst, wenn__ du mal
Din - gen du dich fürch - test, weil du das

Angst hast o - der e - ben ban - ge bist.
weißt und das bei je - dem an - ders ist.

3. Lei - der ken - ne ich auch kei - nen Zau - ber -

spruch, der Angst ver - trei - ben kann. Doch ich

kenn ein klei - nes Lied, das hör dir erst mal an.

Refrain

Ban - ge - ma - chen gilt nicht, ich mach mir sel - ber Mut!

Ban - ge - ma - chen gilt nicht, ich spür, wie gut das tut!

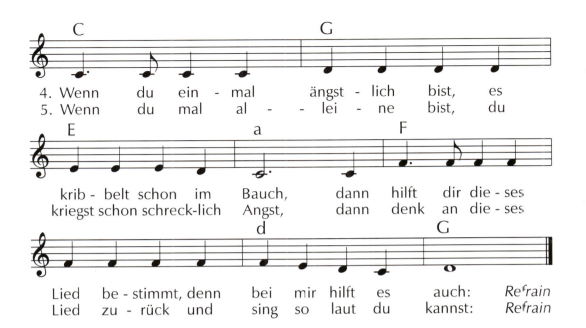

4. Wenn du einmal ängstlich bist, es kribbelt schon im Bauch, dann hilft dir dieses Lied bestimmt, denn bei mir hilft es auch: *Refrain*

5. Wenn du mal alleine bist, du kriegst schon schrecklich Angst, dann denk an dieses Lied zurück und sing so laut du kannst: *Refrain*

Das Regenlied

Text und Melodie: KNISTER

2. Da fährt ein Auto durch die Pfützen,
   so fängt es mächtig an zu spritzen.
   Die Leute schrein: »Was soll denn das?
   Jetzt sind wir auch von unten nass!«
   Refrain . . .

3. Der große Baum, der draußen steht,
   die Blumen in dem Blumenbeet,
   die brauchen solchen Regen sehr,
   denn ohne Regen wächst nichts mehr.
   Refrain . . .

Wir Kinder wollen Unsinn machen

Zu singen auf das bekannte Volkslied
»Ein Vogel wollte Hochzeit machen«

Text und Satz: KNISTER

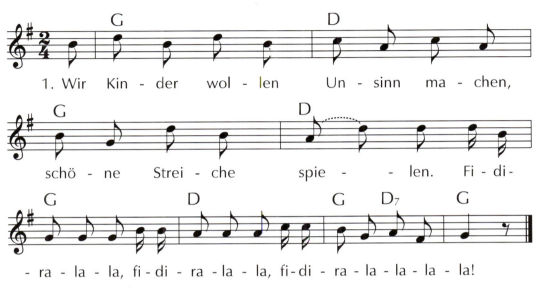

1. Wir Kinder wollen Unsinn machen, schöne Streiche spielen. Fidiralala, fidiralala, fidiralalalala!

2. Wir ziehn die Hosen linksrum an und spielen dann den Hampelmann.
3. Wir klingeln an dem Nachbarhaus und nehmen dann ganz schnell Reißaus.
4. Wir lassen mittags Wecker schelln, erschrecken Leute, wenn wir belln.
5. Wir melden uns am Telefon als »Herr Graf Rotz von Pupseinton«.
6. Wir ziehn den Fernsehstecker raus, so fällt die Sportschau heut mal aus.
7. Wir knipsen nachts die Lichter aus und geistern spukend rund ums Haus.
8. Und fällt kein neuer Streich uns ein, dann werdn wir wohl erwachsen sein.

Wi, Wa, Weihnachtsmaus

Text und Melodie: KNISTER

Vor- und Zwischenspiel

1. Die Wi, die Wa, die Weih-nachts-maus, die freut sich auf den Weih-nachts-schmaus. In ih-rem Mi, Ma, Mäu-se-nest träumt sie vom näch-sten Weih-nachts-fest.

2. Der Ki, der Ka, der Kirchturmhahn
zieht Weihnachten die Handschuh an.
Sein Fi, sein Fa, sein Federkleid
ist Weihnachten meist zugeschneit.

3. Das Sti, das Sta, das Storchenpaar
ist Weihnachten in Afrika.
Die Sonne schi, scha, scheint so heiß,
drum gibt's zur Weihnacht Himbeereis.

4. Die Mi, die Ma, die Maulwurfsfrau
hält Winterschlaf im Maulwurfsbau.
Sie kennt kein Wi, Wa, Weihnachtsfest,
denn jeden Winter schläft sie fest.

He, du! Zieh dich ganz warm an!

Zu singen nach dem Kanon
»Hejo! Spannt den Wagen an«

Text und Satz: KINSTER

Kanon zu 3 Stimmen

1. He, du! Zieh dich ganz warm an!
2. Sieh mal, draussen fängt's zu schnei-en an.
3. Mach dich auf die So-cken, jag die weis-sen Flo-cken!

**Und hier die traditionellen Liedtexte.
Für alle diejenigen, die sie vielleicht vergessen haben.**

Hopp, hopp, hopp

Text: Carl Hahn

1. Hopp, hopp, hopp! Pferdchen, lauf Galopp!
   Über Stock und über Steine,
   aber brich dir nicht die Beine!
   Hopp, hopp, hopp, hopp, hopp!
   Pferdchen, lauf Galopp!

2. Tip, tip, tap! Wirf mich nur nicht ab!
   Zähme deine wilden Triebe,
   Pferdchen, tu es mir zuliebe!
   Tip, tip, tip, tip, tap!
   Wirf mich nur nicht ab!

In Mutters Stübeli
Volkstümliches Bettellied aus dem Breisgau

1. In Mutters Stübeli,
   da geht der hm, hm, hm,
   in Mutters Stübeli,
   da geht der Wind.

2. Muss fast erfrieren
   vor lauter hm, hm, hm,
   muss fast erfrieren
   vor lauter Wind.

3. Wir müssen betteln gehn,
   wir sind ja hm, hm, hm,
   wir müssen betteln gehn,
   wir sind ja zwei.

4. Du nimmst den Bettelsack,
   ich nehm den hm, hm, hm,
   du nimmst den Bettelsack,
   ich nehm den Korb.

Maikäfer, flieg!
Text aus: »Des Knaben Wunderhorn«

Maikäfer, flieg!
Dein Vater ist im Krieg!
Die Mutter ist in Pommerland,
Pommerland ist abgebrannt.
Maikäfer, flieg!

Kommt ein Vogel geflogen
Text: volkstümlich

1. Kommt ein Vogel geflogen,
   setzt sich nieder auf mein' Fuß,
   hat ein Zettel im Schnabel,
   von der Mutter ein' Gruß.

2. Lieber Vogel, fliege weiter,
   nimm ein' Gruß mit und ein' Kuss!
   denn ich kann dich nicht begleiten,
   weil ich hier bleiben muss.

Summ, summ, summ

Text: Hoffmann von Fallersleben

1. Summ, summ, summ,
   Bienchen, summ herum.
   Ei, wir tun dir nichts zu Leide,
   flieg nur aus in Wald und Heide.
   Summ, summ, summ,
   Bienchen, summ herum.

2. Summ, summ, summ,
   Bienchen, summ herum.
   Such in Blumen, such in Blümchen
   dir ein Tröpfchen, dir ein Krümchen.
   Summ, summ, summ,
   Bienchen, summ herum.

3. Summ, summ, summ,
   Bienchen, summ herum.
   Kehre heim mit reicher Habe,
   bau uns manche volle Wabe.
   Summ, summ, summ,
   Bienchen, summ herum.

Ri, ra, rutsch

Text: volkstümlich

Ri, ra, rutsch, wir fahren mit der Kutsch.
Wir fahren mit der Schneckenpost,
wo es keinen Pfennig kost.
Ri, ra, rutsch, wir fahren mit der Kutsch.

Hänschen klein

Text: volkstümlich

Hänschen klein ging allein
in die weite Welt hinein.
Stock und Hut stehn ihm gut,
ist gar wohlgemut.
Aber Mutter weinet sehr,
hat ja nun kein Hänschen mehr.
Da besinnt sich das Kind,
läuft nach Haus geschwind.

Das Wandern ist des Müllers Lust

Text: Wilhelm Müller

1. Das Wandern ist des Müllers Lust,
   das Wandern ist des Müllers Lust,
   das Wandern.
   Das muss ein schlechter Müller sein,
   dem niemals fiel das Wandern ein,
   dem niemals fiel das Wandern ein,
   das Wandern.

2. Vom Wasser haben wir's gelernt,
   vom Wasser haben wir's gelernt,
   vom Wasser.
   Das hat nicht Ruh bei Tag und Nacht,
   ist stets auf Wanderschaft bedacht,
   ist stets auf Wanderschaft bedacht,
   das Wasser.

3. Das sehn wir auch den Rädern ab,
   das sehn wir auch den Rädern ab,
   den Rädern.
   Die gar nicht gerne stille stehn
   und sich am Tag nicht müde drehn
   und sich am Tag nicht müde drehn,
   die Räder.

4. Die Steine selbst, so schwer sie sind,
   die Steine selbst, so schwer sie sind,
   die Steine.
   Sie tanzen mit den muntern Reihn
   und wollen gar noch schneller sein
   und wollen gar noch schneller sein,
   die Steine.

5. Oh Wandern, Wandern meine Lust,
   oh Wandern, Wandern meine Lust,
   oh Wandern!
   Herr Meister und Frau Meisterin,
   lasst mich in Frieden weiterziehn,
   lasst mich in Frieden weiterziehn
   und wandern!

Ein Jäger längs dem Weiher ging

Text: volkstümlich

1. Ein Jäger längs dem Weiher ging.
   Lauf, Jäger, lauf!
   Die Dämmerung den Wald umfing.
   Lauf, Jäger, lauf, Jäger, lauf, lauf, lauf,
   mein lieber Jäger, guter Jäger, lauf, lauf, lauf,
   mein lieber Jäger lauf, mein lieber Jäger lauf.

2. Was raschelt in dem Grase dort?
   Lauf, Jäger, lauf!
   Was flüstert leise fort und fort?
   Lauf, Jäger . . .

3. Was ist das für ein Untier doch?
   Lauf, Jäger, lauf!
   Hat Ohren wie ein Blocksberg hoch.
   Lauf, Jäger . . .

4. Das muss fürwahr ein Kobold sein!
   Lauf, Jäger, lauf!
   Hat Augen wie Karfunkelstein.
   Lauf, Jäger . . .

5. Der Jäger furchtsam um sich schaut.
   Lauf, Jäger, lauf!
   Jetzt will ich's wagen, oh, mir graut!
   Lauf, Jäger . . .

6. Oh Jäger, lass die Büchse ruhn!
   Lauf, Jäger, lauf!
   Das Tier könnt dir ein Leides tun!
   Lauf, Jäger . . .

7. Der Jäger lief zum Wald hinaus.
   Lauf, Jäger, lauf!
   Verkroch sich flink im Jägerhaus.
   Lauf, Jäger . . .

8. Das Häschen spielt im Mondenschein.
   Lauf, Jäger, lauf!
   Ihm leuchten froh die Äugelein.
   Lauf, Jäger . . .

Alle Vögel sind schon da
Text: Hoffmann von Fallersleben

1. Alle Vögel sind schon da,
   alle Vögel, alle.
   Welch ein Singen, Musiziern,
   Pfeifen, Zwitschern, Tiriliern:
   Frühling will nun einmarschiern,
   kommt mit Sang und Schalle.

2. Wie sie alle lustig sind,
   flink und froh sich regen.
   Amsel, Drossel, Fink und Star
   und die ganze Vogelschar
   wünschen dir ein frohes Jahr,
   lauter Heil und Segen.

A B C, die Katze lief im Schnee
Text: volkstümlich

A B C, die Katze lief im Schnee,
und als sie dann nach Hause kam,
da hat sie weiße Stiefel an,
ojemine, ojemine, die Katze lief im Schnee.

Kuckuck, Kuckuck
Text: Hoffmann von Fallersleben

1. »Kuckuck! Kuckuck!«, ruft's aus dem Wald.
   Lasset uns singen,
   tanzen und springen!
   Frühling, Frühling wird es nun bald.

2. Kuckuck, Kuckuck läßt nicht sein Schrein.
   Kommt in die Felder,
   Wiesen und Wälder!
   Frühling, Frühling, stelle dich ein.

Ein Vogel wollte Hochzeit machen

Text: volkstümlich

1. Ein Vogel wollte Hochzeit machen
   in dem grünen Walde.
   Fidiralala, fidiralala, fidiralalalala.

2. Die Drossel ist der Bräutigam,
   die Amsel ist die Braute.
   Fidiralala . . .

3. Der Sperber, der Sperber,
   der ist der Hochzeitswerber.
   Fidiralala . . .

4. Der Seidenschwanz, der Seidenschwanz,
   der bringt der Braut den Hochzeitskranz.
   Fidiralala . . .

5. Die Lerche, die Lerche,
   die bringt die Braut zur Kerche.
   Fidiralala . . .

6. Der Auerhahn, der Auerhahn,
   der ist der würd'ge Herr Kaplan.
   Fidiralala . . .

7. Die Gänse und die Anten,
   das sind die Musikanten.
   Fidiralala . . .

8. Der Pfau mit seinem bunten Schwanz,
   der führt die Braut zum Hochzeitstanz.
   Fidiralala . . .

9. Brautmutter ist die Eule,
   nimmt Abschied mit Geheule.
   Fidiralala . . .

10. Der Uhu, der Uhu,
    der macht die Fensterläden zu.
    Fidiralala . . .

11. Nun ist die Vogelhochzeit aus
    und alle ziehn vergnügt nach Haus.
    Fidiralala . . .

Hejo! Spannt den Wagen an!

Text: nach einem englischen Kanon

Hejo! Spannt den Wagen an,
seht, der Wind treibt Regen übers Land!
Holt die goldnen Garben!
Holt die goldnen Garben!